Die schönsten Tiergeschichten

herausgegeben von
Anne Steinwart

mit Bildern von
Ulrike Baier

Hase und Igel®

Leseheft 3
Die schönsten Tiergeschichten

Gekürzte und einmalige Sonderausgabe des gleichnamigen Titels
im Programm der Hase und Igel Schulausgaben.

Die Originalausgabe dieses Buchs ist als Hardcover lieferbar:
ISBN 978-3-86760-018-7
Für Lehrkräfte gibt es dazu ausführliches Begleitmaterial:
Silja Bembé, Materialien und Kopiervorlagen zu
Anne Steinwart (Hrsg.), Die schönsten Tiergeschichten
32 Seiten/Kopiervorlagen A4, inklusive farbigem Poster,
ISBN 978-3-86760-318-8

Quellenverzeichnis

Gina Ruck-Pauquèt, Nur eine kleine Katze
aus: Das große Buch von Gina Ruck-Pauquèt
Otto Maier Verlag, Ravensburg 1978

Ursel Scheffler, Die Spinne Amanda
aus: Hans Gärtner (Hg.), Das große Vorlesebuch für Kindergartenkinder
Edition Bücherbär im Arena Verlag, Würzburg 1996

Renate Welsh, So sehen heute die Pferde aus
aus: Würstel und Kukuruz
K. Thienemanns Verlag, Stuttgart 1984

© 2007 Hase und Igel Verlag GmbH, Garching b. München
www.hase-und-igel.de
Die Schreibweise folgt den Regeln der neuen Rechtschreibung.

Druck: Himmer AG, Augsburg
Best.-Nr. 5161-6

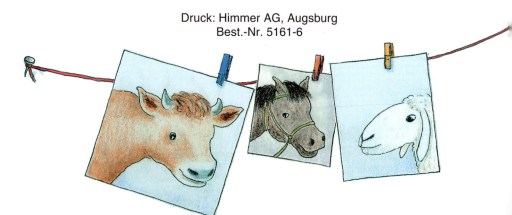

Inhalt

Gina Ruck-Pauquèt:
Nur eine kleine Katze 4

Ursel Scheffler:
Die Spinne Amanda 12

Renate Welsh:
So sehen heute die Pferde aus 22

ur eine kleine Katze

Pira hat eine kleine Katze
geschenkt bekommen.
Sie ist
schwarz-weiß gescheckt
mit einem Tupfer
auf der Nase.

„Sieh nur, wie sie spielt",
sagt Pira.

„Ja", sagt die Mutter.
„Sie ist süß."

„Sie ist wirklich goldig",
sagt der Vater.

Und Tante Anna sagt:
„Sie ist zart und anmutig
wie eine Prinzessin."

Die Katze isst und trinkt.
Sie spielt und schläft
und wächst.

„Die Katze ist blöd",
sagt Pira.
„Sie kommt nicht,
wenn man ruft."

„Die Katze ist frech",
sagt Tante Anna.
„Sie hat
nach mir geschlagen."

„Die Katze ist dumm",
sagt die Mutter.
„Sie geht immer wieder
ins Bett,
obwohl sie das nicht soll."

„Die Katze ist eine Plage",
sagt der Vater.
„Sie schärft sich die Krallen
an unserem teuersten Sessel."

Die Katze putzt sich
und schnurrt.
Sie klettert am Vorhang hoch
und versteckt sich
in den Schränken.

„Die Katze ist falsch",
sagt die Mutter.
„Sobald ich nicht hinschaue,
klaut sie."

„Die Katze ist ein Tölpel",
sagt der Vater.
„Sie hat die Stehlampe
umgeworfen."

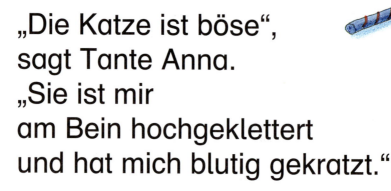

„Die Katze ist böse",
sagt Tante Anna.
„Sie ist mir
am Bein hochgeklettert
und hat mich blutig gekratzt."

„Die Katze ist gemein",
sagt Pira.
„Sie ist mit dreckigen Pfoten
über mein Rechenheft
gelaufen."

Die Katze ist nicht süß.
Sie ist nicht goldig.
Sie ist keine Prinzessin.
Sie ist nicht blöd.
Sie ist nicht frech.
Sie ist nicht dumm.
Sie ist keine Plage.
Sie ist nicht falsch.

Sie ist kein Tölpel.
Sie ist nicht böse
und gemein ist sie auch nicht.

Sie ist nur eine kleine Katze.

Gina Ruck-Pauquèt

Die Spinne Amanda

„Spielst du mit mir Lego?",
fragt Jessica ihren Bruder.
„Keine Zeit!", sagt Jacob.
Er trainiert
mit seinen Hanteln.

Jessica nimmt sich
die Kiste mit den Legos
und verzieht sich in eine Ecke.

„Schau mal", sagt Jacob
und krümmt den Arm.
„Das sind Muskeln!"

Seit drei Tagen übt er
mit seinen Plastikhanteln,
die er voll Wasser gefüllt hat.

Jessica beachtet ihn nicht.
Das ärgert Jacob.

Er macht Klimmzüge
an der Trimmstange,
die er in die
Kinderzimmertür
geklemmt hat.
Dann geht er
zu Jessica.

Er stößt mit dem Fuß
das Haus ein,
das sie gebaut hat,
und sagt:
„Das sind übrigens
meine Legos!"

„Na und?", sagt Jessica.
„Du spielst ja
nicht mehr damit!"

„Jetzt schon", sagt Jacob
und greift nach der Legokiste,
die neben dem Vorhang
in der Ecke steht.

Doch er lässt sie
sofort wieder fallen
und schreit:
„Mamiii! – Hiiilfe! –
Eine Spinne!"
Voller Ekel schleudert Jacob
die Spinne von seiner Hand
und rennt aus dem Zimmer.

Jessica hebt
die kleine Spinne
behutsam wieder auf
und setzt sie
auf die Fensterbank.

„Ich versteh gar nicht,
warum der Jacob
mit seinen Riesenmuskeln
wegen einer kleinen Spinne
so schreit!", sagt Jessica
später beim Mittagessen
und löffelt gelassen
ihre Pfannkuchensuppe.

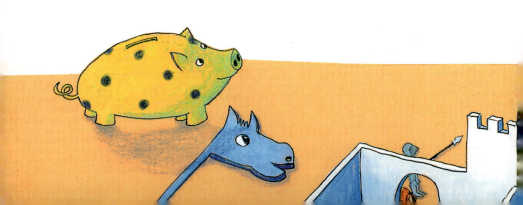

„Du wärst
genauso erschrocken,
wenn sich
dieses ekelhafte Monster
plötzlich
von der Gardinenstange
auf dich
heruntergestürzt hätte!",
sagt Jacob.

„Ich wäre nicht erschrocken.
Ich kenne Amanda doch!",
sagt Jessica lässig.

„Amanda?", fragt Jacob.

„Ja", sagt Jessica. „So heißt
die nette, kleine Spinne.
Sie ist schon lange
mein heimliches Haustier."

„Die Spinne? Du spinnst!",
sagt Jacob.

„Mensch,
stell dich nicht so an",
sagt Jessica.

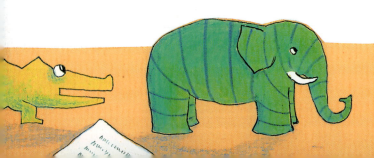

„Amanda ist
freundlich und harmlos.
Sie wohnt oben in der Ecke
zwischen dem Schrank
und dem Fenster.
Sie brüllt nicht,
sie streitet nicht.
Sie macht
keine Legohäuser kaputt.
Sie ist fleißig und nützlich."

„Sehr witzig!", sagt Jacob.
„Nützlich. Hahaha!"

„Ist sie aber", sagt Jessica.
„Sie passt nämlich auf,
dass keine Stechmücken
vom Teich hereinkommen,
wenn nachts
das Fenster gekippt ist.
Und manchmal füttere ich sie.
Mit Fliegen oder Wespen."

„Igitt! Hör bloß auf!
Das wird ja immer
schlimmer!", ruft Jacob
und hält sich die Ohren zu.

„Wie kann man sich nur
vor einer kleinen Spinne
fürchten.
Einer, der so stark ist wie du!",
sagt Jessica spöttisch.

„Was hat das mit Starksein
zu tun?", schimpft Jacob.
„Die Viecher sind einfach eklig!"

„Du bist vielleicht
ein Angsthase", meint Jessica.
„Ich hab mir schon gedacht,
dass Muskelprotze
gar nicht so mutig sind,
wie sie immer tun!"

Ursel Scheffler

So sehen heute die Pferde aus

Als die Eltern sagten:
„Wir machen Urlaub
auf dem Bauernhof",
da freute sich Sonja.
Sie stellte sich
den Bauernhof so vor
wie den im Kinderzimmer:
mit Kühen und Kälbern,
mit Schafen und Lämmern,
mit Hühnern und Gänsen
und Enten.

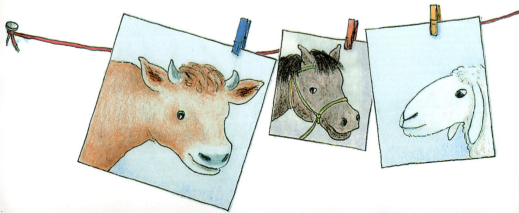

Vor allem aber
mit Pferden und Fohlen.

Als die Eltern sagten:
„Der Bauer hat einen Buben,
der ist genauso alt wie du.
Peter heißt er",
da freute sich Sonja
noch einmal.
Zwei Wochen lang
hat sie sich gefreut,
jeden Tag ein bisschen mehr.

Am Freitagnachmittag
kommen sie im Dorf an.
„Wir sind da", sagt der Vater.
„Das ist der Hausnerhof."
Er stellt das Auto unter
den großen Kastanienbaum.
Die Eltern holen
die Koffer und Taschen
heraus.

Der Hof hat
ein breites grünes Tor.
Sonja muss sich strecken,
um die Türklinke
zu erreichen.
Das Tor knarrt laut,
als Sonja es öffnet.
Da stürmt ein Riesenhund
auf sie zu.

Sonja bleibt
erschrocken stehen.
Der Riesenhund springt
an Sonja hoch.
Er legt beide Pfoten
auf ihre Schultern
und wirft sie um.

Sonja landet
mitten in einer Pfütze.
Jetzt fährt auch noch
die Riesen-Hunde-Zunge
über ihr Gesicht.

Sonja schreit.
Der Riesenhund hechelt.
Eine Frau ruft: „Hierher, Barry!"
Sie packt den Riesenhund
am Halsband
und sperrt ihn
in die Waschküche.

Sonja steht auf und versucht
ihre Hose abzuputzen.
Davon wird sie
noch dreckiger.

Auf der Treppe
sitzt ein Bub und lacht.
Er hält sich den Bauch
vor Lachen.
Das ärgert Sonja.

„Der Peter meint's nicht bös",
sagt Frau Hausner.
Sie zeigt die Gästezimmer,
ein großes für die Eltern,
ein kleines für Sonja.
Sonja packt ihre Sachen aus.

Die Mutter kommt
und holt Sonja
um mit ihr
den Hof anzuschauen.

Sie gehen in den Stall.
Knapp über ihren Köpfen
flitzt eine Schwalbe
hinaus ins Freie.

Die Melkmaschine läuft.
Die Kühe stehen da
und glotzen,
als ginge sie das alles
nichts an.

Peter kommt in den Stall
und zeigt ihnen alles.
In einem Verschlag
ist ein Kalb.
Ganz kleine Locken
hat es auf der Stirn.
Sonja krault es.

Unter den Locken spürt sie
die harten Knochen.
Dort werden einmal
die Hörner wachsen.

Das Kalb steckt
sein weiches Maul
in ihre Hand.
Das kitzelt.

„Maxi heißt er", sagt Peter.
„Er ist gerade zehn Tage alt."

Die Kühe wedeln
mit ihren Schwänzen
die Fliegen fort.
Sonja springt jedes Mal
zurück.

Einen Kuhschwanz
im Gesicht,
das will sie nicht so gern.

„Wo sind die Pferde?",
fragt sie.

„Komm, ich zeig sie dir",
sagt Peter.
Er führt Sonja
in den Schuppen.

Dort stehen zwei Traktoren.
Einer ist rot, einer ist gelb.
Beide sind riesig.

Peter zeigt auf die Traktoren.
„Das sind sie.
Das sind unsere Pferde."
Er lacht schon wieder.
„Hast du ihnen
Zucker mitgebracht?"

Renate Welsh